JN410163

내 영혼의 시간들

내 영혼의 시간들

윤희로 시집

밀레

국립중앙도서관 출판예정도서목록(CIP)

내 영혼의 시간들 : 윤희로 시집 / 지은이: 윤희로. ― 서울
: 밀레, 2017
p. ; cm

ISBN 978-89-97815-17-3 03800 : ₩10000

한국 현대시[韓國現代詩]

811.7-KDC6
895.715-DDC23 CIP2017009451

책을 내면서

노을빛으로 물드는 내 인생에 구름처럼 모여든 언어들을 주워 모아 글을 써 본다. 문학이 무엇인지 알지 못한 어린 시절에 그저 책과 글이 좋아 자주 읽었던 기억이 되살아나 뒤늦게나마 시와 수필에 관심을 가져보고 싶었다. 메마른 삶의 건조함을 달래보고도 싶었고 조그마한 나 자신의 역사도 남겨 보고 싶다는 생각으로 무작정 뛰어 들었다. 그렇게 접한 감성의 언어들이 삶의 질을 바꾸어가며 보람도 느끼고 있으나 나 자신의 민낯을 드러낸듯하여 부끄러움에 얼굴이 붉어진다.

인생이 덧없다는 말이 가슴으로 이해되는 고희의 나이가 되었다. 누구보다 평탄하고 행복했던 지난날들이 주마등처럼 스치고 지나가면서도 가끔씩 쓸쓸함이 엄습해 오는 시간들이다. 사랑하는 내 가족들의 응원과 손주들의 관심, 며느리의 따뜻한 말 한마디가 힘이 되어 행복한 용기를 내어 보았다. 성숙되지 않은 글일지라도 한 편 한 편들이 독자들의 가슴에 울림으로 전해졌으면 한다. 고희기념 시집을 내기까지 해박한 지식과 열정으로 지도해주신 정찬우 교수님께 깊은 감사를 드리며, 황혼에 마침표를 찍는 그 날까지 시(詩)와 함께 아름답게 살아가고 싶다.

2017. 5. 27

호천 윤희로

목차

ꕤ 제2부 그리운 날의 추억

ꕤ 제3부 바람, 그 비움의 세계

℧ 제4부 생명, 그 영원함

제5부 달그림자의 여운

ꀀ **제6부** 바람의 세례

제1부_ 사랑, 영원함의 향기

햇내음

뙤약볕에 뿌려진
햇내음이 그리워

가슴속의 그리움도,
찌들은 추억도
곰팡이 슨 서운함도 모두 꺼내어
햇내음이 나도록 뽀송뽀송 말려야지

소박하고도 순수한 마음
밝고도 어두운 마음 끄집어내어
따가운 빛살로 다림질 해야지

이렇게 완숙된 우정의 씨앗을
친구에게 띄워
햇내음 가득한 안부를 전하리

석화(石花)

날줄과 씨줄이 오고간 기나긴 자리에
오직 하나만의 북통으로
쌓여만 가는 생(生)에
멍으로 얼룩진 상처만 남은 그리움

도덕과 양심의 경계를 넘지 못한
두려운 민낯은
석화(石花)가 되어버린 오랜 세월

뜻하지 않는 찬미의 등불 밝혔으나
경계 앞에 망설임은 인륜인지 천륜인지
다가 갈 수도 돌아 설 수도 없는
야릇한 마음

이 밤도 석화는
피어나지 못한 망부석이 되었다네

꿈길

어디선가 다가온 훈풍에
정신줄 끊기고
동여맨 가슴에 빗장이 풀리던 날

하늘을 우러러
겨울 바다를 품고 서서
꿈길을 걸었다네

그대 마음 내 마음 같을 리 없건마는
내숭의 벽을 넘지 못한 순수는
평행선만 긋고 돌아선 길
무심인지 어리석음인지
휘감아 돌아 안아주기나 하지

사랑한다, 보고 싶다는 말
파도에 부서져 포말이 되었나
때려줄까, 꼬집어줄까
얄미움이 내숭으로 피어나
후회 아닌 후회로
시린 가슴 멍 자국만 남았다네

이게 아닌데, 이게 아닌데
생각의 문은 열리는데
가슴의 문은 열리지 않아
허전함만 엄습해 오는 잠꼬대였네

아름다운 사랑

핵가족으로 이루어진
파괴된 인성의 시대에
꽃보다 아름다운
천사보다 더 어여쁜 천사를 보았다네

동화 속의 이야기로 살아 난
애틋한 정, 극진한 보살핌
지극정성의 효심이
하늘 보다 높고 바다 보다 깊네

애틋한 감격의 사랑 바라보며
내 가슴에 효심의 불 밝혔으나
되돌릴 수 없는 부모님의 모습
안타까움에 눈시울이 뜨겁네

오늘의 세상에 이런
효(孝)와 도(道)와 덕(德)의 실천으로
만인의 존경인 마지막 남은
참 인간, 천의 사랑을 보았다네

** 정찬우 시인의 효심과 인간성

그대는 누구십니까

너그러운 마음
환한 미소로 다가선
그대는 누구십니까

드넓은 사랑
가득 실어 내 곁에 나르는
그대는 누구십니까

보일 듯 보일 듯
그림자로 서서
내 곁을 지켜주는
그대는 누구십니까

끝없는 사랑
바람결에 실어 영혼을 나르는
그대,
그대는 누구십니까

어찌 하오리까

따사로운 마음
환한 미소로 다가오는
그대를 어찌 하오리까

포근한 마음으로
사랑을 듬뿍 실어주는
그대를 어찌 하오리까

항상 내 곁을 지켜
보살펴 주는 그 영혼
그대를 어찌 하오리까

끝없이 끝없이
바람결에 보내주는
그 따뜻한 사랑
그대를 어찌 하오리까

옛 사랑의 그림자

희미한 그림자
보일 듯 보이지 않는
그러면서도 언제나
가슴 한켠에 서서
그림자로 맴도는 아련한 옛 추억

들릴 듯 들리지 않는
그대의 음성
오늘도 저 먼발치에서
나를 향해 소리치는 그리운 모습

그리움인지 사랑인지 알 수 없으나
한 움큼 떨리는 가슴앓이는
누굴 위한 한 생의 그리움 인가

회상(回想)

이슬 맺힌 꽃봉오리
내 젊음의 표상인가
아름다운 꽃 피우려 고고했던 그 시절
강물같이 흘러가고
백발의 낯선 얼굴 외로이 서있네

멋진 청춘 담으려고
동서남북 종횡무진 할 일도 많더니만
한가로운 구름 되어 외로이 흐르는가

먹구름 천둥번개 아랑곳 하지 않고
반듯한 걸음 걸음 무서울 것 없더니만
청춘은 어느새 바람같이 날아가고
깊게 파인 주름살은 연륜만 그리는데

미소 띤 입가에 그리움이 묻어나
행복하고 복된 날들 추억으로 떠오르면
옛 추억에 얼굴 들어 함박웃음 지어보네

못 잊어

노을 녘 붉게 타던 언덕에
진한 이야기로 다가선 하얀 그림자
바람 따라 익어간
사랑의 밀어들이 차곡차곡 쌓이더니
어느 날 말문을 닫고 떠난 님이 그리워
잊지 못하는 밤

슬픔도 눈물도 메말라 버려
까맣게 타들어 간 멍든 가슴의 여인은
이 밤도 흐느끼며 가슴앓이를 하네요

그대, 내 곁을 떠났으나
난 그대를 보내지 않았어요
이토록 진한 아픔이라면
차라리 시작도 말 것을

허나 어찌 하리요
난 이미 당신의 한 몸이 되어
이 밤도 잊을 수 없음을

별 바라기

스산한 초겨울에 내리쬐는
가벼운 빛살 하나 따다
가슴을 녹여보는 별 바라기

여리고 깊어만 가는 마음 밭엔
언제나 따뜻한 빛살이 내려와
언 가슴 녹여주고
엉킨 마음도 풀어 주었지

언제나 빛으로만 다가와
내 마음 적셔주는 너
너 있어 타오르는 불꽃의 사랑
내 안의 별 바라기

자화상

작고 깡마른 나약함과
짜증으로 얼룩진 허한 심성에
애간장 녹여온 미소녀시절

앉으나 서나 품속에 담고 자란 은혜
까칠한 아빠의 수염이며
엄마의 향이 가슴에 묻어난다

도(道)와 예(藝)를 따라
정도(正道)만을 걸어온 까칠한 성품
가풍으로 물려 받은 이념이며 철학이었지

세월의 풍파에 갈고 닦여진
모난 자국들
하나 둘 깎이고 녹아 내려
두루 뭉실 보름달이 되었다네

빛이고 길을 남기고 가는 날
풍성한 마음 주고 주며
행복한 사랑 뿌리고 싶네

빛
— 그대여

사랑이란 이름으로 다가선
그대여
어두운 그림자 드리우지 마세요

사랑이란 이름으로 마주한
그대여
웃음꽃만 가득 안겨 주세요

먼 먼 훗날
아름다운 추억 한 아름 안고
오늘을 그리워하도록 말이예요

사랑의 빛으로 살아갈 힘을 주시고
영혼의 아름다운 노래
가슴에 맴돌며
서산에 해질 머리 등불 되어 주세요

사랑이 뭐냐고

사랑이 뭐냐고 물으신다면
장미라 할래요
황홀한 향기 속에
숨은 가시도 있으니까

사랑이 뭐냐고 물으신다면
구름이라 할래요
뭉게구름으로 흐르다
먹구름 되어 소나기도 품고 있으니까

사랑이 뭐냐고 물으신다면
사계절이라 할래요
봄날 같은 마음 정열적인 여름
낭만과 여운의 가을을 지나
설한풍(雪寒風) 같은 이별도 있으니까

하여,
사랑은 조심스럽게 맞이할래요
달콤한 사랑 영원히 간직할
그런 사랑 말이에요

숨바꼭질

술래잡기 놀이에 지친 여인네는
오늘도 어김없는 숨바꼭질에
목이 메이듯
그리움을 찾아 나선다

보일 듯 들릴 듯
애닯은 그림자를 안고
밤이고 낮이고
추억의 그림자를 찾아 숨바꼭질을 한다

떨리는 가슴앓이로
그토록 사랑했건만
어제도 오늘도 그리고 내일도
한없는 그리움만 첩첩히 쌓여간다

단 한 번의 추억으로 되살아나
내 앞에 서 준다면…

꽃향기의 하루

태양이 네게 온 날엔
가슴에 꽃향기 울려 퍼지는
하루였으면

잿빛 하늘이 내 마음에 걸리면
안개꽃에 파묻혀 살폿한 미소의
하루였으면

어느 날 혜성처럼 나타나
내 마음 사로잡는 그 님이 오시는 날엔
안개꽃 한 아름에
자스민 향기 울려 퍼지는 하루였으면

일 년을 하루같이
그대 가슴에 꽃향기 뿌리며
무지갯빛 설레임의 시간들로 채워줬으면

빛살로 온 당신

찬란한 햇살 타고
금빛 출렁이는 당신

맑고 밝은 함박꽃 미소를 띠며
한 아름 꽃다발을 안고
싱그러운 목소리로
내 곁에 왔어요

가을 하늘처럼 드높은 사랑
가득가득 채워 담고
살포시 다가선 당신
꿈이고 그리움 이었어요

한낮엔 따스한 미소를
별밤엔 다정히 속삭여 주는
은하수로 반짝이며
내 곁으로 왔어요

내 마음 전할 길 없어라

파란 하늘에 두둥실 떠 있는
정열의 화신 그대 가슴에
하트를 그려 날릴까

흰구름 모아 모아
사랑이란 글 띄워 볼까

그대는 내 마음 알 리 없건만
내 마음 사로잡는 그대를
믿을 수밖에 없음은
필연이고 운명일까

스치는 바람에도
누워있는 들꽃에도
그대 향기뿐이니

이 마음 무엇에 띄워
그대에게 전할까

그리움이 있다는 것

은하가 흐르는 밤하늘엔
언제나 잊지 못하는 것이 있다

별 하나 나 하나
별 둘에 너와 내가 있고
수정같이 맑은 달 속엔
너와 내가 노닐던 계수나무 동산

그 뿐이랴
고요가 흐르는 언덕엔
산들바람을 타고 우리는 하나가 되었었지

그 풀벌레의 화음이
오늘도 내 곁을 맴돌며
너의 뜨거운 입김을 불어넣어 주는구나

당신은 바람

따스한 바람이 달려와
살며시 입 맞추고 달아나네요

모였다 흩어지기를 반복한
숨바꼭질의 당신
멀리 멀리 산 넘어 숨진 마세요

상큼한 바람이 나뭇잎을 흔들어 깨워
당신인줄 알았어요

마음속 깊은 곳까지 파고든 실바람도
이미 내 마음을 알았나 봐요

그리워 그리워하는 당신
황홀한 빛으로 다가와
내 곁에만 머물러 주세요

반지꽃

봄볕의 길가엔 고개 숙여 앉아 있는
보랏빛 미소에
길손마다 반가워 인사를 한다

누굴 위한 기도로
그리움을 토하는지
그렇게 조용한 몸동작으로
바람을 사르고 있다

있는 듯 없는 듯
숨소리 죽여 가며
그님이 오길 기다리는
보랏빛 미소

너 있어
오늘도 행복의 꽃반지 만들어
그님에게 끼워줄래

제2부 _그리운 날의 추억

사랑하리

황홀한 무지개를 피우기 위하여
가두고 모아 온 기나긴 여정

빗장을 잠근 채 그리움만 꽃피워
보일 수도 들어낼 수도 없는
겹겹이 잠겨 놓은 마음 밭

눈멀고 귀멀어 창문이 열리더니
지고지순한 사랑 꽃
봇물 터지듯 차올라

잊었던 행복
막혔던 가슴에
봄꽃으로 피어나
사랑 노래 부르네

젊은 날의 사색

부드럽고 날카롭던 그 시절의 마음이
한 생의 좌우명이 되어
고고한 삶으로 고독을 즐기더니

먹구름 낀 터널을 음미해온
지난날의 세월들
내 성숙된 자아를 위한
필수 비타민 이었나

멀고도 가까웠던 숱한 사연들
욕망과 좌절의 늪을 갈무리하며
오직 희망만을 수확하고픈 마음으로

인생무상의 내 마음 밭에
흐드러지게 꽃 피우고픈
인내 그리고 사랑이여

당신이 그리운 날

그리움이 가슴에 스밀 때면
코스모스 길 따라
전하는 말 귀담아 들으리

그리움이 솟구쳐 날개 짓하면
햇살 가득한 마음 밭에
공상의 세계 마음껏 펼쳐보리

그래도 보고파 잠이 오지 않으면
여울진 마음 문 열어
밤새도록 별 헤며 당신을 기다리리

그대가 원하시면

그대가 원하시면
봄볕에 차오른
풋풋한 향기 보내드리리

그대가 원하시면
개나리 진달래꽃으로
벌 나비 불러 모아 축제를 마련하리

그대가 원하시면
따사로운 그늘에 앉아
종달새의 사랑 노래 들으며
달콤한 입맞춤도 선사하리

그대의 진한 마음
내게 다가와 영혼을 준다면
이 마음 당신에게 드리리

당신과 나

여명이 꽃 필 즈음
찬란한 태양의 빛으로
다가선 당신

눈부신 모습
달그림자가 가리우 듯
당신의 그림자가 나를 가렸네요

붉은 빛 노을 속에
당신의 얼굴 높게 걸어놓고
그 위에 미소는 내가 그릴게요

이 밤도 별들이
총총히 빛날 때면
별을 헤는 당신과 나였으면

사랑의 추억

사랑이 내게 스치던 날
지평과 수평의 장대 끝에
사랑 노래가 걸렸다

영혼이 불타듯
뭉클한 가슴엔
잔잔한 떨림이 용솟음치며 달려와
가슴을 두드리던 날

희미한 옛사랑의 이야기들이
살포시 날아와 스며든다

사랑,
그 아련한 추억
오늘 밤도 내 곁에 다가와
그리운 미소만 짓고 있다

안개꽃

뾰얗게 가리워진 하늘에
예쁜 안개꽃 뿌려 주었으면

내 마음에 피어난 꽃다발을
그 님 품에 안기고
곱디고운 사랑얘기 풀어 헤치며
미소 뿌린 예쁜 마음 보여줘야지

그리움도 한 아름 담아서
그 님 가는 먼 길에 뿌려드리면
내 마음 헤아려 돌아오려나

가시는 걸음마다
수많은 사랑이야기
솔바람에 날려 하늘에 펼쳐놓고
그리운 마음도 전해 왔으면

우리 다시 재회하는 그 날이 온다면
안개꽃 다 거두어
내 마음 그대로 가져다주오

봄

따스한 그대 가슴에
버들강아지 살포시 볕을 쪼이고
조잘대는 시냇물도 흠뻑 취해 있네요

앞서가는 홍매 청매
개나리와 벚꽃도
활짝 얼굴 내밀면

시샘난 실바람
봄비를 몰고 와
향수 뿌린 꽃잎에 심술을 부리네요

꽃비 되어 나르는
풍성한 잔치 속에
꽃바람 타고 흠뻑 취해 봐요

축복의 탄생

기다림과 축복의 탄성이 울리던 날
너는 하늘의 별로 반짝였지
이마며 콧날이며
광채로 피어난 눈빛은
우리의 보배, 지상의 역사였지

귀여운 재롱둥이
깜직한 네 눈동자는
가족의 꽃이고 기쁨이며 영광이었지

찢어진 반달과
네 눈과 자연의 눈을
이해하기 어려웠던 넌
아름다운 추억들을 내게 안겨주었지

또 다른 출발을 향한
수줍은 네 모습
순수와 정의가 꽃으로 피었나니

의젓한 행동 반듯한 사고는
너의 기둥 너의 철학

뜻을 세워 곧게 자라
새 나라의 역군이 되어라

2016. 2. 12.
건하의 졸업을 축하며 할머니가

모란이 피면

모란이 피어나면
나는 꽃단장한 새 색시 되어
꽃그늘에 앉으리

님과 함께 벌 나비되어
꽃술 사이를 맴돌며
사랑의 밀어를 나누고 싶네

꽃잎 터져 활짝 웃는 날
파란 하늘 끌어안고
아름다운 노래 부르리

모란이 고개 숙여
뚝뚝 떨어지는 날
나는 또 다시 피어날 그날을 위해
별 헤는 밤을 묵묵히 지세우리

그대의 향기

꽃향기 피어날 땐
언제나 찾아오는 가슴 조이는 추억들
한 송이 두 송이 끄집어내어
작은 미소를 띄워본다

흰 구름으로 피어오른
해맑은 그대 얼굴
먹구름 되어 돌아선 그 모습도

푸른 숲 가지에 목 놓아 우는 매미처럼
그리워 그리워 부르짖는
그대의 향기

이 밤도
외로운 등 밝혀들고
바람에 실려 온 그대의 향에 취해
꽃바람이 되고 싶다

꽃향기

꽃향기가 내 몸을 휘감을 때
그리움으로 다가선
그대는 누구시나요

먼 곳으로부터
나를 유혹하여
그리움을 토하도록 지켜보는
그대는 누구시나요

어느 순간 내 곁에 달려와
내 마음 사로잡아 가두어 버린
그대는 누구시나요

이 밤
한 송이 장미로 피어나
그대와 함께하고픈
당신은 정령 어디 계시나요

목련꽃

새벽을 깨워 일어선
백의(白衣)의 천사
너는 언제나 계절의 여왕이었지

병아리 꽃 앞세워
고고한 자태를 뽐내며 들어선
화려한 미소는 누굴 위한 기품일까

봄 향이 묻어 날 즈음
화들짝 날개 펴
세상을 밝히는 넌
언제나 꿈이고 희망이며 등불이었지

개화로 져간 그 자리엔
푸르름이 무르익어
내일의 그날을 위한 초록빛 군무를 추는
의지의 상징이였지

가을인가 봐

갈바람이 찰랑찰랑 가슴에 차오르면
울긋불긋 만추의 뜨락엔
외로움이 서성이고

바람결에 휘날리는 낙엽사이엔
처연한 그리움이 한 움큼 다가와
살며시 손짓한다

거기엔 언제나
가슴 떨린 연정이 묻어나
적막함의 시상에 젖게 하고

여인의 발걸음을 스치는 스산함은
황홀을 예감한 만추의 계절

노을빛

황금빛 노을에 감전된 외기러기
차마 두 눈을 뜰 수 없어
함께할 님이 그리워 슬퍼나는가

서산 넘어 기우는 태양이 아쉬워
그 빛으로 꾸며낸 장엄한 세상
타는 듯 정에 겨운 보고픈 얼굴

노을빛 지고나면
총총히 빛날 별들의 밤에
그리움의 여운들 한 아름 끌어안고
그대 위한 이 밤을 뜬눈으로 지세우리

살아가는 이유

파아란 쪽빛 하늘이
내 곁을 맴돌 땐
언제나
그대의 향기가 스며든다

당신의 사랑이
가슴을 맴돌아 기억으로 숨 쉬면
향 짙은 미소와 즐거움이 돋아나는
멋진 하루가 피어난다

그대가 있어
고독과 외로움 구름에 날려 보내고
별빛으로 다가온 환희의 영상이
가슴을 설레이게 한다

귀하디 귀한 삶에
그대만을 위한 내 영혼의 시간들이
오늘을 살아가는 이유다

푸르른 날에

마음 밭에 하늘이 내려와 앉으면
맑고 깊은 호수가 되어
작은 쪽배에 원앙이 노니는
그곳은 파라다이스

푸르른 날의 밝은 햇살은
무한한 사랑의 밀어가 되어
내 마음 깊은 곳에 포근한 사랑
가슴 가득 채우리

별처럼 아름다운 그대의 사랑 이야기
잔잔한 호수에 가득 채우고
그래도 못 다한 여운은
새벽달에 담아두리

먹구름이 푸른 하늘 가리우면
마음 밭에 물감 뿌려 푸른 하늘 그리고
사랑 노래 부르며 영혼을 다짐 하리

비움의 서정

모으고 쌓아가며 탑을 이룬 세월
유무형의 형체들만 가득 안고
사십 성상 가꿔 온 삶의 파노라마

웃음꽃 한 아름지고 언덕을 오르며
인내 한 송이 욕심 한 다발 내려놓지 못하고
가슴 조이던 숱한 밤들

헝클어진 마음 퍼즐로 맞춰가며
가다듬어 온 긴긴 세월
마지막 처럼 시작하는 담담한 이 마음

가슴에 품었던 수많은 사연들
하나 둘 다 내려놓고
허허로운 빈 가슴에
아름다운 웃음만 차곡차곡 담으리

미워하지 않으리

스치는 바람으로 들어선 당신

그리움이 노여움 되어
한스런 눈물 흐른다 해도
미워하지 않으리

계절 따라 다른 모습으로
날 불러 세워도
나뭇잎 흔들리듯
가슴 문 열지 않으리

사랑도 미움도 세상사 일이거늘
헤어지는 인연에 미련두지 않으리

가을 소고(小考)

기쁨과 슬픔이 하나이듯
화려함과 쓸쓸함 또한 하나인가 보다

울긋불긋 화려함의 극치가
단풍으로 찾아들면
내 마음 한 곳은 언제나 허전함이 앞선다

코트 깃 여미는 갈바람 속에
다정한 친구나 연인의 손을 잡고
풍성한 들길이며
낙엽 길 따라 사랑을 읊조리는 추억을 낳고 싶다

쓸쓸함이 꽃피워
가을빛으로 영글 때면
다정한 님을 향해
이 마음 전하고 싶다

제3부 _바람, 그 비움의 세계

빛과 그림자

희망의 빛이 자리한 곳엔
어느새 주름진 그림자 되어
나이테로 서 있고

날카롭던 가치관(價値觀)은
세월 속에 무디어져
바람에 밀려가는 종이배

이제
날 떠나려는 모든 것들 홀연히 놓아주어
집착하지 않으리

빛이 되고 그림자 되어
살아온 둥근 세월
삶이 주는 지혜이며
인성의 깊은 샘물이려니

벚꽃

나목(裸木)의 가지에
칼바람 맞으며 일어선
유두알의 존재들

봉오리 봉오리마다 펼쳐진
생명의 존귀함이며
기쁨의 환희인 것을

한 잎 두 잎 터트려
등불 밝혀든 환한 세상
새색시의 설레임이고 기쁨인 것을

너를 맞는 상춘의 관객들
희망의 꽃바람 타고
웃음꽃 활짝 펴든 행복한 모습

마지막 소원

내 생애 마지막 선물
열정을 태울 사랑 하나 주소서

꽃밭에 핀 꽃이 아니어도
비탈진 언덕의 들장미 향기로
그대에게 다가가리

세상의 문이 어지러워
좌절의 늪이 온다 해도
사랑의 열매 가득 실어
내 사랑을 그대에게 바치리

세월이 흘러흘러
아름다운 꿈이 깨어져도
예쁜 낙엽에 내 마음 담아
열정의 사랑을 가득 채워 드리리

그래도 못 다한 사랑은
활활 타는 벽난로의 불씨 되어
그대 가슴 지피리라

비가 내리면

환한 미소의 채송화는
비가 좋을까

꽃씨를 흘리는 맨드라미는
비가 좋아서 고개를 들까

꽃 찾은 벌 나비들 비가 내리면
예쁜 날개 접고 재미난 이야기로
수다에 빠져 있을까

비가 내리면 사랑하다 헤어진
그 사람은
무슨 생각에 무얼 하고 있을까

행여, 행여나
창 넘어 그리움 안고 누굴 생각할까

사랑과 미움

사랑이 달려와 내게 안길 땐
향 짙은 꽃이 되어 꿈으로 오지만

세월 지난 그 향기 퇴색이 되면
미움이 가시 되어 고통만 나르네

오시는 걸음에 미움은 접어놓고
사랑만 사뿐사뿐 안고 오소서

먼먼 훗날
접었던 미움도 그립도록
사랑만 한 아름 안고 오소서

가을

갈바람이 이는 날엔
언제나 고독이 동행하여
화려한 외출을 잠재우고

붉게 타 들어간 낙엽 길엔
내 마음 닮은
친구를 불러들여 정담을 나누리

그곳엔 언제나
깊고 깊은 사랑과
넓고 넓은 지혜로운 풍요가 있어
아름다운 곳

거기엔
빛으로 밝혀진 진리와
훈훈하고 풍성한 마음 밭이 살아 숨쉬는
코스모스 길이 있네

바람 1

볼을 간질인 바람이
눈썹 사이로 들어와 눈을 가리네요

가냘프고 부드러운
비파(琵琶) 소리의 여운을 타고 연주한
사랑의 세레나데를
영원히 불러준다고 큰 소리쳐놓고

철따라 바람 따라 내 마음 묶어
숱한 추억만 남긴 채 가버렸어요

보낸 적도 잊은 적도 없는
그는
사랑하는 내 마음만 남겨 놓고
흔적도 없이 날아갔어요

친구여

갓 태어난 청순함과
학처럼 곧은 젊은 날의 친구여

어찌, 어찌 살다보니
백발에 주름진 얼굴
몸도 마음도 지칠 대로 지쳐
병약해졌다는 친구여

아직도 우리에겐
태양과 달이 뜨고 지는 순간순간마다
수많은 날들의 행복이 손짓하는데
어쩌자고 약한 마음 가졌다는 가

보라! 저 별꽃들의 아름다움과
풀 향기가 저리도 고운데
우리들 가야할 길 멀고도 가까워
축복된 행복 누려야지 않겠나

의지가 힘이듯
날을 세운 강한 마음
우리 서로 손잡고 희망의 등불 켜 보자구요

꽃밭

설한의 꽃샘추위 다 견뎌온 너
화려한 옷, 미소로 다가선 그 얼굴
사랑스럽기만 하다

색색이 피고 지는 화려한 그대
푸르름도 덩달아
날 반기며 손짓하는 오후

가는 세월 오는 세월
꽃그늘에 앉아
그리움도 활짝 사랑도 활짝
꽃밭을 서성인다

생명의 근원

푸르름이 싹으로 자라
연둣빛 풍요를 안고
희망의 메시지를 뿌리더니

녹음 짙은 언덕의 가지마다
산새며 들새들의 놀이터가 되어
산란의 기쁨으로 춤을 춘다

꽃향기 풍기며
형형색색 새 단장의 옷을 갈아입고
너울너울 낙엽 길을 밟고 떠난
님이 그리워

설한풍(雪寒風)에 코트 깃을 세워 물고
어깨춤을 넘실대던
그대와의 데이트 길
나목으로 나란히 서 있는 생명의 숲길

마음 비우기

맑은 햇살에도
마음이 허전할 땐
기쁨을 꺼내어 미소 지으리

송이로 피어난 꽃들의 외로움도
함께 위로하며
다정한 정을 나누리

먹구름 스치듯 소나기 내릴 땐
서러움도 모아서 함께 울어주리

그렇게
그렇게 물들어간
석양의 고운 빛도
비우고 비우면 외롭지 않으리

나 이대로

잿빛 하늘의 빗방울이
무지개 되어 가슴을 녹여도
나 이대로 만족하리

머뭇거린 바람
사랑의 입김이 영혼을 흔들어 오면
즐거운 슬픔 뒤로 하고 숨어 버리리

달무리 희미해 질 때
별빛이 다가와 손을 내밀면
그리움 토하듯 모두 다 주고말리

그리워 그리워 잠 못 이루는 밤
스치고 지나가는 바람이어도
그대의 그림자 가슴에 새기리

모두다 추억이야

아름다운 추억은
기쁨보다 애잔함으로 밀려오고

슬픈 추억은
눈물보다 쓸쓸한 잔영으로 아려 오는데

기쁨과 슬픈 기억들은
빈 마음에 반사되어
내 곁을 맴돌며 가슴을 출렁이게 한다

흘러간 모든 것들
마음 밭에 묻어두고
오직 내일을 향해 훨훨 날아오르리

낙엽

따가운 태양도 두렵지 않던 네가
어찌 갈바람 앞에
바람개비 되어 휘둘려 날고 있니

노랗고 붉게 물들어간 네 모습
애닯고 아쉬움 많겠지만
또 다시 피어날 그날이 있지 않니

휘몰이로 나뒹굴다 어느 골짜기에
모여모여 활력소 되어
세상을 기쁨과 행복으로 가득 채우는데

나도
갈바람에 백발을 휘날리며
너처럼 아름답게 지고 싶다

눈부신 5월

청 푸른 5월엔
기쁨과 웃음을 한 아름 안고 달려가리

자줏빛 모란이 함박웃음으로
나를 반길 땐
언제나 찾아든 고향의 추억
아버지의 그리움
어머니의 사랑
형제들의 풋풋한 정들

눈부신 5월이 가기 전
내 어릴 적 그리움의 향기에 젖어 젖어
한껏 취하고 싶다

나의 일상

모래알처럼 숱한 날들 속에
오늘과 내일이 있고
과거와 현재와 미래가 있어 존재하는 삶

의미와 보람과 쾌락이 있는가 하면
후회와 뉘우침의 좌절감에 사로잡혀
허덕이는 날도 있어

값지고 무의미한 일상을 거듭한 삶에
아쉬움만 쌓이는 가슴앓이 인생

그러면서도
값진 삶,
보람을 느끼기 위한 고난의 순간순간마다
희열과 깨우침을 안겨주는 너

넌 언제나
내 곁을 어루만져 감싸주는 유일한 친구

그러려니

안타깝고 슬픈 일 생겨도
노여워하지 않으리
그러려니 살다보면
삶의 흔적되리

믿었던 자
배신과 슬픔 내게 준다 해도
그러려니 살다보면
큰 교훈되어 삶의 무게 되리

기쁜 일 기쁘다 하지 않고
슬픈 일 슬프다 하지 않아
칠정(七情)**을 가다듬어
마음의 평정 찾으리

마음이 같은 자 어디 있으며
나 자신인들 뉘 맘에 들리오
상처받지 않고 아픔주지 않으며
그러려니 살다보면 삶의 지혜 얻으리

** 칠정 ; 희.로.애.락.공.경.우

이 또한 지나가리

사랑의 기쁨 가득해도 추억만 남고
이별의 슬픔 전율해도
희미한 그림자만 남으리

세상사 아픔과 고통의 힘든 일들
내게 머물러도
흐르고 지나가면 잊혀 지리

세월이 약이 되듯
마음의 문 열리고 닫히면
추억이고 여운인 것처럼
언젠가는 잊혀지고
이 또한 지나가는 것

삶의 요람(要覽)
깊게 깊게 반추(反芻)하며
지나감의 원리로
마음의 평정 찾아가리

저녁노을

붉게 타는 저녁노을
저리도 고운데
그 빛 함께 할 님은 어디 있는지

서산으로 저무는 태양이 아쉬워
그리움이 횃불처럼
석양에 물드는데

못다 한 이야기들 노을에 풀어놓고
아쉬운 정이라도 나누고 싶건만
어찌하여 그 얼굴 붉히고만 서 있는가

노을빛 거두어 밤이 오면
그리움은 별이 되어 총총히 빛날 때
별빛일랑 모두 모아 한 아름 쓸어안고
가슴에 맴도는 그리움 전하리

제4부 _생명, 그 영원함

팔월이 익는다 / 아름다운 언어 / 나였으면
망초꽃 / 난 괜찮아 / 단풍잎 연서(戀書)
천사의 미소 / 바구니 / 어른이 된다는 것
모정 1 / 모정 2 / 새아기 / 사랑에게
물안개 마음 / 영산홍 / 바람 2 / 친구
고향의 봄 / 7월의 아침 / 가을 산 / 정글

팔월이 익는다

탱글탱글 팔월이 익어간다
이글이글 타는 볕에
매미소리 원숙해 지고
옥수수도 여물어가는 팔월

산비둘기 눈독 드린 산머루는
속살을 채우며 아직은 덜 익었다고
까치에게 윙크 하네

지금쯤 고향집 우물가의
넝쿨진 청포도 송이는 알알이 살찌우며
팔월을 맞이하겠지

나도 팔월엔
무더위 푸념일랑 접고
포도송이 같이 탱탱하게
익어갈 준비를 해야겠다

아름다운 언어

본 대로 느낀 대로 말하면
표현력 부재라는 그대
들꽃 같은 그대를
장미꽃이라 부르리까

언어엔 감칠맛이
표현엔 기품과 무게실린
전갈이 있어야 한다는
시인의 철학이야기

기쁨이 행복이듯
슬픔 또한 행복이게 하리

아름다운 언어
예쁜 표현으로
행복의 전도사가 되어가리

나였으면

그대 사색에 잠길 때
언제나 나만을 떠 올린다면

내 마음은
달이 되고 별이 되어
그대 앞에 나서리

비 내리는 창가에 서서
보고 싶고 그리운 님이
나 였으면

언제나 설레이는 가슴으로
웃음 깊게 맞이할 사람이
오직 나 뿐 이었으면

포근한 밤 꿈속에서
도란도란 별밤을 지새우며
당신 가슴에 잊혀지지 않는 자가
오직 나뿐이었으면

망초꽃

여름날의 들녘엔 온통 흰 서리가 피어
소슬바람에 휘날리는
눈꽃의 이파리들

소박하고 꾸밈없이 지천에 깔린
들꽃의 향에 눈이 부셔
가슴이 부풀어 오를 때면

풍요로움과 관용으로
세상을 밝혀주는
질기고 영원한 생명의 존재

화려함과 우아함은 아닐지라도
순수와 가식과 허세가 없는 넌
언제나 내 마음에 피는 들꽃

난 괜찮아

비바람 눈보라가 쳐도
난 괜찮아
내 마음 깊은 곳에 당신이 있으니까

힘겹고 괴로운 날이 있어도
난 괜찮아
내겐 의지할 당신이 있으니까

슬프고 우울한 날이 찾아와도
난 괜찮아
날 믿고 응원해줄 당신이 있으니까

어깨가 무거워 지쳐있어도
난 괜찮아
당신 어깨에 기대어 의지할 수 있으니까

단풍잎 연서(戀書)

떡갈잎의 푸르른 생명
철따라 변신한 너의 몸짓에
예쁘고 아름다운 연서(戀書)를 쓰고 싶다

하늘거리는 코스모스 언덕과
우지 짖는 풀벌레의 화음이 어울리는
고향 소식이며

조롱박 속의 아기자기한 이야기와
냉가슴 앓던 지난날의 추억도 끄집어내어
살폿한 미소로 내 마음 전하고 싶다

노을빛에 타들어간 풍성한 계절이 가기 전
한웅큼의 내 소망 낙엽 타는 연기에 띄워
잊었던 내 마음 전하고 싶다

천사의 미소

솔바람이 스칠 때마다
귓속말로 속삭이네요
부드럽고 다정한 미소로
소통의 문을 활짝 열고 살래요

졸졸 흐르는 실개천도
속삭이듯 귓볼을 간지럽히네요
맑고 밝은 환한 웃음이
만복을 부르네요

두둥실 떠가는 솜털구름도
내 마음에 하트를 그리며
청순한 사랑의 멜로디
하늘에 띄우래요

소박하고 청결한 해맑은 미소가
복(福) 중에 복(福)을 낳아
영혼을 어루만져줄 사랑을 갖는 다네요

바구니

세월의 무게를 담는 공간
그 속엔 언제나
삶의 넋두리가 들어있고

어머니의 어머니로부터 물려 받은
길쌈이며 추억이며
한(恨)의 한(恨)이 서려 있는 곳

사랑과 우정
애틋한 정과 우애의 숨결이 살아
넘실거리는 그 곳엔
언제나 깊고 깊은 모정(母情)이 살아 숨 쉬는 곳

까마득히 잊었던 지난날의 그 자리엔
오늘도 가득 가득 담겨져
날 기다려 반겨주는 바구니

어른이 된다는 것

하나 둘 배우고 자라며
어른이 된다는 건
인성과 지혜로 성숙됨의 길이다

나 이제 어른이 되어
큰 그릇이 될 줄 알았다

크든 작든 어렵고 힘든 일
지혜와 슬기로 웃음으로 넘기며
대인의 길만 택할 줄 알았다

그러나
섭하고 서러운 일 견디지 못하고
눈물 반 노여움 반
어리석은 바보인줄 칠순이 되어서야 알았다

모정 1
— 아들에게

사랑의 씨앗으로
심장의 고동소리 함께한
혈육의 정(情)
가슴의 사랑은
세상의 무엇과도 비교할 수 없는 것

신의 은총으로 내 가슴에 안긴
그날의 환희와 감격
우주의 신비요
천상의 빛인 것을

싹트고 자란 떡잎에서
성장의 독립이 이루어지기까지
손의 사랑
가슴의 혼(魂)으로 길 들여진
나의 분신이여

향기로운 삶을 위한 크고도 작은 소망
하나 하나 불러들여
영혼을 살찌우는 사랑 노래 부르리

모정 2
— 딸에게

눈에 넣어도 아플 수 없는
가슴이 찢어져도 아프지 않을 사랑아

깜찍한 재롱둥이
순수한 용기와 지혜로만 자라온
내 사랑아

남부럽지 않는 세상의 모든 것 다
한 몸에 지니고 앞서만 가던
희망의 등불이었던 내 사랑

성인이 되어 네 짝을 찾을 때까지
고슴도치의 모정이었지
엄격한 규율과 사고의 관능 속에
고난과 역경도 있었으련만
모정의 끈을 놓을 수 없는
우리들의 인연

더 밝고 더 맑은
우리들의 찬란한 미래를 위한 꿈이었지

새아기

곱디고운 꽃 한 송이
아들의 손에 들려
내 곁에 안기던 날
잔잔한 기쁨에 꿈길을 걸었다네

볼수록 어여쁜 청순함과 정숙함
시공(時空)의 흔들림이 깊어질 수 록
사랑의 농도가 짙어져가는
너는 한 떨기 백합이구나

아기자기 한 쌍의 원앙 되어 하늘을 날고
만인의 존경받는 공인이 되어
웃음 가득 행복 가득
향 짙은 꽃으로 거듭나거라

오, 내 사랑아
너희들 가는 길에 영광뿐이리니
세세만년(世世萬年) 영원토록 행복하여라

사랑에게
— 분신

내 사랑아
너희들의 웃음은
내 가슴에 활짝 피어난 해바라기
힘의 원천이며 삶의 근원이었지

너희들의 밝은 유머
해맑은 이야기는
세월을 거슬러온 행복이며 추억이었지

내게 힘이고 용기며 자랑은
씩씩하고 반듯한 너희들의 모습
든든한 울타리로 큰 믿음이었지

이제
우리들의 뿌리 깊은 인연
고마움과 행복들
영원한 미소로 꽃 피어난
사랑만을 기억하자

물안개 마음

새벽을 깨우는 여명 속에
소롯이 피어 오른 물안개 꽃

희망이며 빛인
행복의 미소
꿈의 낭만이여

거긴 언제나
어머니 닮은 꽃무늬의 호수가 있고
그 속엔 내 마음이 젖어 있다

영산홍

세상엔 온통 철쭉으로 얼룩진 계절
거기엔 내 님의 심장 붉게 물들고
나 또한 백의의 순결로 수줍게 물드니
조화롭게 이룬 연분홍 사랑 꽃이 활짝웃네

태양 아래 정열이 눈부시게 아름답고
달빛 아래 다소곳한 미소가 가슴에 스밀 때면
울긋불긋 꽃들은 밤낮으로 미소짓네

꽃으로 미소 짓는 님은
날 불러 세워두고
사랑의 하트를 가슴에 달아주네

저 밝고 아름다운 꽃의 순결이
너이고 나인 것처럼
사랑, 그 순수의 정으로 영혼을 미소 짓게 하네

바람 2

보일 듯 보이지 않는 형상
나무 가지에도 들에도
흔들림의 원천인 너는 바람

강하고 약함에 무게를 둔
흔들림의 여운에
숱한 추억을 잉태한 너는 바람

자유와 자유를
의미와 의미를 부여 받는 너는
잡힐 듯 잡히지 않는
순수인 것을

친구

내 마음 한 구석에
빛바랜 친구의 모습이 달려와서
반갑다 얄밉다할 웃음이
빈 마음을 채우는데

우정의 씨앗이 풀밭을 이뤄
연두 빛 사랑 꽃이 활짝 피었네요

그 토록 잊고 살았던 아련한 우정들
세월 속에 무디어진 여린 감성들이
폭포수로 밀려오는 그리움 되어
눈앞에 아롱거리네요

뒤늦은 후회는 접어두고
내 마음도 네 마음도 모두 꺼내어
청 푸른 하늘에 메어 달고
옛 동산 시냇물에 추억을 낚아보지 않으렴

고향의 봄

봄바람이 장난질 치면
고향집이 그립고
실개천 버들강아지는
지금도 솜털을 자랑하겠지

앞산에 진달래 꽃봉오리 열고
꽃술에 제 몸 자랑할 때
봄은 동네 한복판에 자리 잡네

밭갈이 농부들 사이로
냉이 달래 찾아 헤매던 그 곳엔
지금도 그윽한 달래향기로 봄을 맞으리라

요즘도 봄바람이 조용히 지나가면
동화처럼 생각나는 고향의 봄
안개 속의 산수화처럼 눈앞에 아롱이네

7월의 아침

따가운 태양이 내리쬐는 아침에
하얀 종이 한 장 가슴에 날아들어
넋을 잃고 먼 산만 바라보네

까만 마음 하얀 마음 갈지(之) 자를 그리며
들꽃으로 피어올라
슬픔을 달래주네

황당한 7월이 싫어 밉기만 한데
8월은 뭣이 좋아 손짓하는가

무더위 푸념일랑 장마에 맡겨두고
자연의 순리 따라 견디고 지나가면
청푸른 가을도 성큼 오겠지

가을 산

울긋불긋 꽃단장한 언덕에
갈바람 불어오면
아득한 그리움이 새록새록 피어올라
단잠을 깨우는 한나절

흰머리 풀어헤친 갈대숲은
살폿한 미소로 손짓하는데
그대는 아는지 모르는지
볼그스레한 내 가슴 애만 태우네

국화 향 뿌려 뿌려
반기고 싶거늘
어이해 그대는 내 마음 몰라 할까

색색이 고운 얼굴 내밀고 싶지만
숨겨온 그 마음 들킬까봐
가을 산만 바라보며 서성이네

정글

들뜬 가슴으로 코발트빛 태평양을 가르며
쾌속정에 몸을 싣고 달려본다
생의 첫 경험으로 찾는
밀림 속의 정글
경이와 신비함의 세상 문이 열리듯
가슴이 두근거린다

물살을 가르며 헤집고 들어선
원시림의 숲 풀들
원숭이와 타잔이 야호 야호 소리치며
나무 가지에 몸을 싣고 나올 것 같다

대자연의 섭리
꿈의 동산이고 야성의 늪엔
상상을 초월한 뭍 생명들의 보고(寶庫)이며
무아의 경지에 이른 생의 찬미이다

제5부 _달그림자의 여운

달그림자

그대의 함박웃음이 눈썹달로 떠오르면
설레임 반 떨림 반
가슴이 차오르더니

상현달 밝혀들면
볼그스레한 양 볼엔
잔잔한 경련이 세레나데를 부른다

이윽고
화들짝 타오른 정열의 화신이
화촉 밝히는 둥근달이 되면
수줍어 고개 숙인 여인이 되어
달그림자를 찾아 나선다

행여 행여나
희로애락 저미는 날이 되면
둥근달만 가슴에 안고 영원을 약속하리

둥둥섬

어둠이 깔린 강변엔
다리마다 휘영청 빛으로 물든
아름다운 네온 싸인

물그림자 다정한 연인들의 이야기꽃
아기자기 모여든 가족 나들이가 정겹다

무지갯빛 황홀함에 어리둥절 둥둥섬
스치는 사람마다 다정한 이웃되고

깜박깜박 반딧불의 꼬마 배엔
사랑놀이 즐기는 어화둥둥 둥둥섬

여름밤의 낭만이 지상의 낙원 되어
빛으로 떠도는 도심의 강변

왔다 가는 사랑

사랑 하나가 찾아왔네
가슴 문 살짝 열고
프리지아 한 아름 안고 서있네

달려온 그 향기 미소 짓고 서서
순결하고 우아한 자태
한 떨기 목련화네

사랑이 저만치 떠나려하네
붙잡아 애원할까
눈물로 보내드릴까

기쁨안고 왔던 사랑
슬픔안고 떠나려 하는데
차마 놓을 수 없어 돌아서서 눈물짓네

벽난로

가슴 밑바닥에 꼭꼭 숨어있는
그대의 모습
시도 때도 없이 달려와
방아깨비 되어 출렁이고 있네요

두 손잡은 산책길의 밀회
구름 위를 나르듯 둥둥 떠다니며
웃음인지 대화인지 기억마저 흐려지는
길고도 짧은 시간들

바람과 눈
그리고 꽁꽁 얼어버린
육신의 혈류를 녹여주는 그대의 미소는
온기 가득한 벽난로였었지

그 속의 화려한 불꽃 송이는
기다림과 떨림,
그리움과 애틋한 사랑의 속삭임
그리고 마지막 열기는 정열에 불타는
나의 입술 나의 가슴이었지

방울로 스민 사랑

푸르름이 핑크빛에 젖어
하트를 수놓고 속삭일 때
내 것이 아닌 남의 것으로만 여겼었는데

어느 순간
방울 방울 스며든 짜릿한 여운은
당신 속에 내가
내 속에 그대가
더 귀하고 소중한 존재가 되어 있었네요

소유에 집착한 어리석음들
받는 것보다 베풀고 주는 것이
더 깊은 사랑인 것을

지성과 감성의 일치가 주는
내면의 세계
그것이 진정한 사랑이란 걸
세월의 뒤안길에서 찾아낸 보석이었네

행복의 문

사철 푸르른 미소로
내 곁에 서있는 그대가 있어
꽃잎 같은 가슴이 활짝 피어나네요

기쁠 때나 슬플 때나
청정의 순간마다 떠오른
그대의 미소 띤 얼굴

외로움이 추적추적 창가를 적실 때에도
오색찬란한 추억의 빗방울로
가슴을 젖게 한 당신이 있어
행복한 나날들

한 생(生)을 푸르른 눈꽃송이 되어
내 가슴에 쌓여만 가는
그대의 미소
살맛나는 훈훈한 정에
행복의 꽃이 만발하네요

민들레

곱디고운 해맑은 얼굴
다정한 친구 되어
웃음으로 반겨주는
너는 누구

노랗고 희디흰 뽀송한 송이송이
길손 따라 눈웃음 짓는
너는 누구

청승맞은 그리움에
눈물겹도록 보고픈
님 찾아 들판으로 나선

기다림에 지쳐
홀씨 되어 떠도는 아련한 너
너는 노오란 한 떨기 민들레

무심(無心)

일상의 삶이란
관계의 정립에서 오는 갖가지 사유로
얼기고 설기면서 짝을 이루고 살아가는 것

때론 마음의 갈등과 융합으로
하나이기도 헤어지기도 하지만
관심과 사랑의 본능에 따라 움직여지는 것

그러면서도
돌아올 수 없는 강을 건너는 이유는
관심과 사랑을 끊는 무언의 행동이리니

삶의 가장 무서운 적은
권력도 금력도 도적도 아닌
무심(無心)이란 언어

삶

기쁨과 슬픔
성공과 실패
기대와 실망이 공존하는 삶
거르고 걸러내며 한 생을 살았으나

슬픔과 잡념에 만신창이가 되었어도
오뚜기 처럼 솟구쳐 살아야 하는 삶

불길한 예감
불안했던 시간도
지나고 나면 평온함으로 흘러
포물선을 긋는 삶이려니

세월 지나 알게 된 지혜
염려와 걱정일랑 저버리고
구름으로 바람으로 흐르며 살아가리

내 고향

청맥(靑麥)이 바람을 가르며 달려와
내 품에 스미던 날
종달새와 뛰어 놀던 머나 먼 추억들

그곳엔 푸르름이 있었고
천등 지등 인등의 산마루가 있어
하늘과 땅과 사람이 하나 되어 살아가는 곳

별밤이 속삭이듯 유유히 흐르는 강줄기에
신립장군의 넋이 살아오듯
어릴 적 악동들이 너울너울 춤을 추던 곳

가슴이 열리고 눈이 번쩍이는 고향
자연의 섭리 푸르름의 원천인 거기엔
언제나 반겨주는 옛 친구들이 있지

촌각의 시간

어제 같은 오늘과
오늘 같은 내일이 될
정제된 시간은 적막하고 고요함이
지루함으로 변하고

기쁘고 즐거운 시간은
쾌속으로 지나는 웃음의 그림자 되어
길게 서성이는데

하루는 지루하고
일 년은 쏜살같아
내 삶은 순간순간 마다
극과 극을 오가는 삶

하여
일초의 생(生)과 사(死)가 갈림길도 되나니
흐르는 시간을 헛되이 보내지 않음은
에둘러 삶을 존중하는 태도 이리

여울 살

흐르는 여울 따라 하늘이 있고 내가 있다
바람결에 춤을 추는 그림자들
깊이를 모른 채
오르고 내리며 생을 찬미하고

유형과 무형의 원리
생존과 죽음의 진리를 모른 채
유리처럼 투영된 영상들
여울목에 발이 묶여 너울너울 춤을 춘다

음향과 리듬이 살아 움직이고
감각의 역동성이 살아있다면 좋을 진데
그저 빛바랜 추억의 그림자만
여울 살로 밀려오는 저 가련한 섭리

꽃

어둠의 터널을 지나
빛으로 드러난 꽃망울처럼
수줍음 가득한 소녀의 미소

봉오리로 맺혀 맺혀
현란한 아름다움을 감추고 있음은
누굴 위한 기다림 이었을까

그 빛 내게 비추이면
향 짙은 내면의 아름다움으로
꽃 춤을 피우련만

바람에 휘날린
너를 향한 나의 맹세
네 잎에 새겨두고 향기는 가슴에 모아
네가 피어날 그날을 잊지 않으리

비 오는 날

이슬비엔 있어주라고
가랑비엔 떠나주라고
보슬비엔 날 반겨주란다

빗속의 전설이
옛 추억으로 묻어나
빛바랜 형상이 되어 쏟아지고

슬픔도 기쁨도
추억의 고리에 매달아
일렁이는 물결로 가슴 문을 두드리면
의미 있는 미소가 절로 흐른다

행여, 행여나
찾아올까 그리워지는
그 옛날의 추억들
봄비 속에 일렁이는 그리움 하나

무지개

빨간 장미 한 송이 가슴에 꽂고
첫사랑의 꽃을 피우더니

주황색 나리꽃 끌어안고
청춘을 노래한다

노란색 개나리꽃 울타리엔
아스라한 어린 추억이 묻어나고

초록색 떡갈나무 잎 사이로
방긋한 미소가 스며든다

파란 하늘 흰 구름 두둥실 떠
희망의 나래 펄럭일 때면

남색으로 둘러친 반지꽃 동산엔
꽃반지 낀 어린 시절

보랏빛 라일락 향에 묻어난
막바지 인생엔
울긋불긋 희망의 싹만 출렁인다

해, 달, 별

기쁠 때 보고 싶고
생각만 해도 환한 웃음 피어나는
당신은 태양

외로울 때 그리운 당신은
해당화 향기처럼 스미며
늘 아름다운 달무리

힘들 때 생각나는 당신은
눈감으면 반짝이는
별자리

달려가 안기고 싶고
기쁘고 외롭고 힘들 때도
당신이 있기에 해, 달, 별이 뜨고 지는
하루가 선물

웃음 한 조각

웃음 한 조각 속엔
사랑담긴 관심과 배려
행복이 춤을 추네

또 다른 웃음 한 조각
따뜻한 마음 사랑담긴 밀어가
황홀경에 빠져 드네

조각조각 흩어진 웃음
온 종일 모아보니
하루의 행복이 영원으로 이어지네

완숙된 삶의 에너지
웃음에서 나오듯
노년에 간직하고픈 유일한 소망

제6부 _바람의 세례

창공 / 나의 왠세 것들 / 모닥불 / 보름달
개여울 / 한 해의 끝자락에서 / 세모에 서서
고향의 봄 / 새벽 / 꽃바람 / 소꼽친구 / 나뭇잎
9월이 오면 / 여행 / 황홀한 밤거리
콜로라도 강에서 / 그랜드 캐년 / 요세미티 공원

창공

푸르고 맑은 하늘을 바라보며
내 마음의 창공을 열어 본다

물에 잠긴 구름을 잡으려 들어가 보니
하늘은 간데없고 물결만 출렁이는데

바람의 세례로 일렁이는 파도는
갯내음으로 달려와
가슴에 안긴다

산 넘고 바다 건너
먼 먼 지구 한 모퉁이에서도
해맑은 미소의 천사는 빛으로 떠
내 곁에 서있다

나의 웬세 것들

예쁜 말 바른 말 사랑하며 배워가는
귀여운 손자들
천방지축 언어습득 나서더니
제 눈과 함박 눈 이해 못해 고개만 까딱 까딱
나의 웬세** 것들아

숫자놀이에 손가락 발가락
다 세어가며 밝은 미소 짓더니만
어느새 자란 키 올려다보며
마음 가득 든든한 할미의 마음

세기를 마당삼아 하늘을 날고
의지의 뜻 고추 세워
천하를 웅비(雄飛) 하여라

가깝고도 먼 훗날
너희 세상 돌아오면
자랑으로 일관된 할미 마음
마음껏 부르고 싶구다
내 웬세 것들아

** 웬세 것 ; 귀엽고 예뻐 깨물어주고 싶은 마음

모닥불

목마름으로 타오른 그리움 하나
소롯한 향기로 묻어나
가슴을 적실 때면

동화속의 주인공이 되어
설렘 반 눈물 반
아련한 추억들이 영상으로 떠오르는데

찾고자하는 사랑은 보이지 않고
멍든 가슴만 시려와
어쩌자고 아련한 그리움은 솔가지 되어
모닥불로 타오르는가

토닥토닥 타오른 얄미운 그리움들
한줌의 재로 남기고
아름답고 행복했던 그 추억들은
정열의 화신되어 모닥불로 타오르길

보름달

두둥실 두리둥실 서산머리 밝혀들고
함지박 밝은 달이 미소 지으면
동심의 미소가 절로 흐른다

토끼가 방아 찧는 엄마의 모습과
호탕한 너털웃음 아빠의 얼굴이
한가위 달이 되어 중천에 떠오르면
색동옷 그네 뛰는 새색시가 그립다

달아달아 밝은 달아
네 마음이 내 마음 되고
내 마음 또한 네 마음이 되어
하나 되는 생(生)을 노래하지 않으렴

개여울

언덕의 골짜기를 따라
봄꽃을 꺾어 치장하던
아련한 추억 속엔

언제나 개여울이 반짝이며 흐르고
가냘픈 고기들이 발가벗고 헤엄치던
고향집 뒷동산이 그리워진 계절

철따라 변해가는 고목의 그늘에 앉아
전례동화를 벗 삼아
효도와 권선장악을 깨우치던 곳

여심(女心)의 작은 내면을 꿈꾸었던
개여울의 가슴 벅찬 순간들
아직도 잔잔한 여울을 따라
파도처럼 밀려오는 동심이 그립다

한 해의 끝자락에서

희망찬 새해가 열리고
다하지 못한 일, 또 다른 새로운 일들
마음 밭에 뿌려 상록수로 키우고자
궂은 날도 마다하지 않았는데

벌써 한 해의 끝자락에 서서
지난날을 음미하며
즐겁고 아름다웠던 추억 보다
미련과 후회와 못 다한 연민의 정만 남아
가슴시린 날들이 떠오른다

마음의 욕심은 하늘이었는데
몸은 희뿌연 안개 속에 땅만 헤집다 돌아선 날들
그래도 몇 가지 아름다웠던 추억만은
시렁에 걸어두고 조용히 기억하고 싶다

눈꽃이 피어 꽃바람 날리던 날
또 다른 한 해를 위한
새롭고 아름다운 삶을 꿈꾸며
뜨거운 가슴을 펴 보고 싶다
영혼의 노래를 부르고 싶다

세모에 서서

보냄과 맞이함의 교차점에
또 다른 한해를 맞이한다

해 뜨고 짐이 그러하듯
세월 밟고 가는 길
언제나 같을 진데

기쁨은 기쁨으로
슬픔은 슬픔으로
너그러이 채워가며
환한 웃음의 세월 살아가리

후회 없는 추억으로
지나감은 접어놓고
새 날을 새롭게
큰 소망 불러들여
행복 가득 채워가리

고향의 봄

버들강아지 춤추는
고향집 실개천엔
시냇물이 흥겨워 노래 부르고

꽃봉오리 피어낸 앞산의 진달래
싸리나무 울타리엔
봄빛이 서성거리고

들판을 수놓은 냉이며 달래는
아낙의 손길 따라
봄 향기 그윽한데

바람 따라 동화처럼 생각나는
고향의 봄
울에 기운 개나리도 조롱조롱 피었겠지

새벽

산 넘어 또 넘어
어둠 속에 허리 드러내면
그 곳은 어디일까

밝음과 어두움도 하나 일진데
지구촌 어디라도
내 마음 가는 곳
아름다운 세상

그 곳엔 언제나
사랑과 정이 있어
웃음주고 행복 주는 여명이란 시간

산 아래 반짝이는 불빛들은
어둠을 거두어줄 일출을 기다리며
밝고 맑은 하얀 마음을 잉태하는
새벽이란 이름

꽃바람

내 마음 담은 오색풍선
날을 준비 되었으나

기다리는 꽃바람은 소식이 없고
객들만 모여들어 아우성이다

행여 행여나
사랑 한 줌 마음 한 줌 움켜쥐고도
날고자하는 꽃바람 보이지 않으니

이걸 어쩌나
빛바랜 순수함인지
어리석은 천재인지 알 수 없으나
기회를 놓여버린 넌 천치 바보

소꼽친구

매달 만나는 소꼽친구들
무슨 할 말 그리도 많아
왁자지껄 쫑알쫑알

쉴 새 없이 쏟아지는 말잔치
하루 이틀 사흘
시간 간줄 모르네

고향 얘기, 학교 얘기,
오촌 오빠, 오촌 동생,
남편에서 사돈네 팔촌까지
자랑인지 흉을 본지
재탕에 삼탕은 기본이라네

언성 높여 고집 세면
틀린 말도 맞는 말 되고
눈 흘기고 껄껄 웃다
삼일이 하루가 되어
자식 생각 신랑 생각에 꽁지에 불 달듯
정신 줄 놓고 뛰쳐나간다

한 시간도 안 된 헤어짐이
그리도 아쉬운 듯
전화통에 불이 나는
소꿉친구 내 친구들

나뭇잎

서산마루 언덕에 한 그루 나무가 서서
오한이 든 양 파릇파릇 익어가는 잎들이 떨고 있네요
아마도 몸살감기에 독감이 걸렸나 봐요

밤잠을 설친 몸매에 열이 치솟는 듯
매미가 울며불며 도와 달라 소리쳐도
아랑곳하지 않는 인심이네요

왕진 온 산들바람이
옷자락을 펄럭여 토닥여주며
튼튼한 다리로 건강하게 자라서
네 품속에 매미도 새들도
단란한 집을 짓고 쉴 수 있게 해주렴

갈바람이 불면 예쁜 단풍 옷 갈아입고
산새도 멧새도
나그네도 어울려 쉬어가게 해주렴

너 있어 기쁜 세상
우리 함께 어울려
실바람 소리로 희망을 노래하지 않으렴

9월이 오면

하늘을 우러러 티 없이 살고 싶어
마음 문을 열어 본다

무심한 세월에 흰 구름이 동행하고
깊이를 재려는 듯 고추잠자리가
높게 높게 날고 있다

가을볕이 들판의 낱알들을 채워가며
분주히 속살 찌울 때
가을바람 한줄기가 땀방울을 걷어간다

폭풍우 다 견디고 풍년을 기대할 때쯤
고마움에 고개 숙여 일렁이는 황금벌판은
마치 내 인생의 가을걷이를 화답하는 것일까

여행

구름에 달이가고
달 속에 별들이 노니는 밤
거대한 보잉기는 하늘을 헤집고 있다

세기의 미항이란
샌프란시스코엔
무지갯빛 인종들이 줄을 잇고

갈매기와 더불어 출렁이는
춤추는 밤의 항구다

흐르는 세월은 오늘에 이르렀건만
역사 속의 인간은 잠들었는지
푸르른 바다 위엔 패리칸만 날고 있다

황홀한 밤거리

삼백예순날 저물 줄 모르는
저 황홀한 야경
누굴 위한 축제며
누굴 위한 반짝임인가

밤의 화려함 인지
군중의 무대인지 알 수 없으나
길거리의 네온은 환상의 꿈길이네

인성의 마음이 이 같다면
세상사 밝음이 축복이련만
저 빛 속엔
양극이 활개치고 넘쳐나겠지

콜로라도 강에서

속삭이던 물결 위엔
하얀 백사장
날개 펴고 날아든 수많은 발자국들

조용히 흐르는 명상 속엔
그리움만 차곡차곡 모래성으로 쌓이네

지나가는 저 물새는
내 마음을 알았는지
은빛 날개 접고 내 곁에 서 있네

출렁이는 하얀 마음
미소로 그려 놓고
번져가는 그리움은 강가를 서성이네

그랜드 캐년

세월 속에 큰 바위 역사를 품에 안고
빙하시대 이야기도 그 속에 담겨있네

보통 사람 머리로 생각 할 수 없는 나이
단층 속에 화석의 조용한 속삭임

웅장한 그 얼굴 화려한 어울림
뉘라고 그 모습 감히 평 하리오

웅장한 그 모습에 감탄사만 나오고
저 멀리 지평선에 가슴만 벅차올라
자연의 거대함에 할 말을 잊었노라

요세미티 공원

구름이 내려와 쉬어가는
천혜의 자연공원

무지갯빛 물보라의 폭포수는
풀어헤친 선녀들을 감싸는 듯
알 수 없는 이야기를 쏟아 내고 있고

큰 키를 자랑하는 세콰이어 나무는
옹기종기 모여 앉아
올곧음만을 지켜온 역사의 산 증인들

거대한 자연에 도전하는 탐구의 인간들
자랑인지 어리석음인지 알 수 없으나
도전정신 높이 사며 바라보는
천혜의 요세미티 공원

〈서평〉

사랑, 그 순수의 이성적 지혜

— 윤희로의 시 세계 —

정 찬 우(시인, 문학평론가)

1. 시적 감성과 인성의 길

길거리를 가다가 옷깃만 스쳐도 인연이라는 우리 선인들이 남겨준 속담이 있다. 그렇다 우리 인간들의 삶에 있어서 인연이란 참으로 기이한 현상이며 우연이고 필연이라는 생각이 든다.

우리가 살고 있는 이 지구상에는 70억 명이 넘는 인간들이 존재하고 있다. 그 중 한국이라는 조그마한 땅덩이 속에 한국인이라고 하는 혈통을 지닌 인간이 5천만 명(남, 북을 합치면 약 팔천만 명) 그리고 서울이란 도시에 사는 사람이 약 1천만 명인데 어찌 어찌 인연으로 만나 친분과 정을 나누며 연을 맺고 살아가고 있다는 것은 단순한 우연이 아님은 분명한 사실이다. 그리하여 난 우리들의 삶이 단순한 우연이 아니라 필연이라고 늘 표현하며 살아왔다.

그만큼 우리들의 삶 속에서 서로가 서로의 인연을 맺고 살아간다는 것은 소중하고 귀하다는 것이다. 이처럼 귀하고 소중한 인연을 영원히 아름답고 귀하게 엮어가야 하는 것 또한 우리들의 몫이고 의무이다. 그럼에도 불구하고 문명의 시대가 발전해 갈수록 우리들의 인간관계는 피폐해지고 사랑과 정은 더욱더 메말라 감은 어떤 현상일까?

참으로 안타깝고 참담한 현실이다. 이런 시대에 아프리카의 사막에서 오아시스를 만난 것보다 더 기쁜 한 인간을 우연이 아닌 필연이라는 존재로 만나게 되었다.

어느 날 사무실에서 연구에 몰두하고 있는데 친구로부터 전화가 걸려왔다. 어릴 적부터 가까운 친구의 목소리였기에 반가웠다. 시간이 있으면 잠시 들려도 되겠느냐는 전화였다. 아무리 바빠도 친구가 온다는 데 거절할 이유가 없었다. 쾌히 승낙하고 일을 하고 있는데 친구가 찾아왔다. 거기엔 뜻하지 않는 예쁘고 멋진 미소녀 같은 여인을 동행하고 나타난 것이었다.

조그마한 키와 동그란 얼굴에 토끼 눈처럼 맑고 깨끗한 깜찍한 눈동자는 어쩜 천사의 눈을 닮았다고나할까. 순수, 그 자체였다. 찻잔을 앞에 놓고 이런 저런 이야기 끝에 어렸을 적부터 시를 좋아해서 시집을 가까이 하였으나 시를 배울 기회가 없었다며 나에게 시를 공부할 수 있는 기회를 주기 위해서 모셔왔다는 것이다.

참으로 고맙고 가상한 일이 아닐 수 없다. 요즈음 젊은이들이

나 학생들마저도 문학에 관심이 없을뿐더러 더구나 공부를 해 보겠다는 사람들이 없는 시대가 되었는데, 회갑을 넘어 칠순을 바라본 연세에 시(詩) 공부를 하겠다니 얼마나 가상한 일인가. 마침 내가 서대문과 양재 복지관에서 어르신들께 문학 수업을 하고 있던 터라 언제든지 복지관에 나와서 문학 수업을 받아 보라고 승낙을 하였다.

이렇게 맺어진 인연이 윤희로 시인과의 첫 만남이었다.

수업 시간이면 언제나 입시를 준비한 중고생처럼 진지하고 탐구력과 의지력이 대단하였다. 뿐만 아니라 수시로 작품들을 써와 발표하는가 하면 시낭송도 타의 추종을 불허할 정도로 독보적이었다. 사물을 보는 관찰력과 통찰력이 뛰어날 뿐더러 육감과 지각적인 감성이 남달리 예민하여 언어의 표현적 선택과 기법이 기성 시인을 능가하고도 남는 실력의 소지자였다.

그것을 증명이라도 하듯 2016년 서울 서리풀 문학축제에서 전국에서 모여든 수많은 작품들 중에서 장원의 영광을 누리기도 하였다. 뿐만 아니라 함께 출품한 다른 작품들 모두가 심사위원들로부터 장원에 버금가는 작품들이라고 칭송을 받기도 하였다. 그런가하면 시낭송대회에서도 특출한 감성과 성량으로 뭇 사람들의 감성을 흔들어 놓아 국내 최대의 시 낭송가들로부터 극찬을 받는가하면 시낭송가 협회에 끌어들이려 온갖 회유를 당하고도 있다.

그럼에도 불구하고 좀 더 깊은 시심과 시 작업에 열중하고 싶다며 낮은 자세로 열심히 공부하며 노력하는 모습에서 깊은 감명을 받지 않을 수 없다. 나에겐 수많은 제자들과 동료 선후배 문인들이 있다.

인간이란 욕심에 눈이 멀어 더 높은 곳을 향해 오르려하는 특성이 있다. 또한 자신을 과시하려는 욕망과 욕구에 사로잡혀 동분서주 종횡무진하며 영역을 넓혀가 작품의 실력보다는 이름과 안면으로만 유명해지려고 들하고 있다. 그러나 정령 높은 곳보다는 내성에 살찌우려는 인간은 그리 많지 않는 게 또한 사실이다. 이런 사람들이야말로 심성과 인성이 좋아 글을 잘 쓸 수밖에 없다는 사실을 잊어서는 안 될 것이다. 바로 그런 심성의 소유자가 윤희로 시인이다.

윤희로 시인은 천상여성이다. 보기엔 야무지고 매사에 빈틈이 없는 똑 부러진 성격이며 앞뒤가 분명한 남성 이상으로 강인한 성격의 소유자이다. 그러면서도 지극히 내성적인 성격과 예민한 감성을 가지고 있으며 순박하고 순수하여 마치 어린애 같은 착하디착한 여인이다.

그래서인지 작품 하나하나마다 그리움과 사랑, 애틋한 정감이 넘치는 작품들이 많다. 그 속에 어머님의 영상이 주마등처럼 넘치는가하면 자녀들과 손주들을 향한 애틋한 사랑의 감성은 참으로 눈물겹도록 지고지순한 여인네의 질펵한 감성을 자아내고 있다하겠다. 어찌하여 이런 감성의 소유자가 문학을 하지 않고 한생을 살아왔는지 자못 의심스럽기까지 한다.

2. 상상과 언어의 조화

이제 윤희로 시인의 작품 세계를 드려다 보며 사물을 보는 상상의 눈과 감성의 표현력과 언어의 구사능력 등을 심도 깊게 살펴보고자 한다.

뙤약볕에 뿌려진
햇내음이 그리워

가슴속의 그리움도,
찌들은 추억도
곰팡이 슨 서운함도 모두 꺼내어
햇내음이 나도록 뽀송뽀송 말려야지

소박하고도 순수한 마음
밝고도 어두운 마음 끄집어내어
따가운 빛살로 다림질 해야지

이렇게 완숙된 우정의 씨앗을
친구에게 띄워
햇내음 가득한 안부를 전하리

— 〈햇내음〉 전문

햇내음이란 주제부터가 언어의 선택에 있어서 참신성을 말해주는 글이다. 햇내음이란 우리가 일상생활에서 입고 덮었던 빨

랫감을 세탁하여 햇볕에 말리는 현상에서 일어나는 독특하고도 특이한 어머니의 향기와 조화를 이루는 냄새다. 이는 단순한 후각적 이미지뿐만 아니라 햇내음이 주고자하는 의미의 상징성에서 독특한 언어의 생명력을 불러일으키는 약동성을 내포하고 있다.

인간사란 사람과 사람이 어울리고 부대끼면서 살아가는 현상이다. 뿐만 아니라 사람과 자연과의 조화와 친화적 환경을 통하여 살아가는 것이다. 따라서 인간은 자연을 떠나서는 살아 갈 수 없으며 인간 상호간의 믿음과 협동하지 않으면 살아갈 수 없는 것이다.

이 작품에서 '가슴의 그리움'이란 어머니의 따뜻하고 포근한 정과 '찌들은 추억'이란 가난과 어려운 시절의 추억이며, '곰팡이 슨 서운함'이란 지나온 삶 속의 갖가지 희로애락들을 모두 꺼내어 '따가운 빛살로 다림질 해야지'란 작가 자신의 지고지순하고 순수한 마음을 읽을 수 있다. 하물며 거기에서 끝나지 않고 '완숙된 우정의 씨앗을 친구에게 띄워 햇내음 가득한 안부를 전하고 싶다'는 것은 단순한 친구가 아니라 웃세대와 아래세대 그리고 사회계층간의 통합을 의미하는 폭넓은 이미지의 구사란 점에서 감동이 새롭다.

이러한 인간사를 시대와 세대간의 통합과 조화를 자연환경인 햇내음을 통하여 일원화 시키고 있다는 점에서 작가의 상상력과 언어의 구사력을 높이 평가할 수 있다.

어디선가 다가선 훈풍에
정신줄 끊기고
동여맨 가슴에 빗장이 풀리던 날

하늘을 우러러
겨울 바다를 품고 서서
꿈길을 걸었다네

그대 마음 내 마음 같을 리 없건마는
내숭의 벽을 넘지 못한 순수는
평행선만 긋고 돌아선 길
무심인지 어리석음인지
휘감아 돌아 안아주기나 하지

사랑한다, 보고 싶다는 말
파도에 부서져 포말이 되었나
때려줄까, 꼬집어줄까
얄미움이 내숭으로 피어나
후회 아닌 후회로
시린 가슴 멍 자국만 남았다네

— 〈꿈길〉 전문

사랑, 그 이름만 떠 올려도 가슴 뭉클한 언어다. 떨림과 울렁거림, 긴장과 황홀, 그리고 꿈과 현실의 조화와 착각 속에서 날밤을 세우는 젊은 날의 추억이 있는가하면 환희와 눈물의 양극이 태동을 일으키기도 하는 이상야릇한 감정이다. 동양적인 도덕과 관념의 세계에서 지고지순한 삶을 영위하다가도 불현 듯 찾아든 옛사랑의 그림자가 꿈길처럼 스칠 때가 있다. 하늘을 우러러 한 점 부끄러움이 없는 상상의 세계, 그러면서도 가끔은 현실을 도피하고자하는 인간 본연의 심리를 시적 상상력을 통하여 잘 표현했다. 자연속의 인간이란 강인한 듯 하면서도 가끔은 흔들리기도 한다. 그래야 인간미가 살아있는 것이다. 너무도 완벽한 사람은 기계와 같아 인간적인 정이 없어 가까워지기 어렵다.

'어디선가 다가선 훈풍/ 정신줄 끊기고/ 동여맨 가슴에 빗장이 풀리던 날' 이란 표현에서 말해주듯 인간미 넘치는 정에 끌려 마음의 흔들림을 느낄 수 있는 것이 인간이다. 그러나 '내숭의 벽을 넘지 못한 순수는/ 평행선만 긋고 돌아선 길' 란 자신의 정신적 의지와 감성의 끈을 놓지 않았다는 순수, 이 얼마나 아름다운 절규인가. 참으로 감동적인 언어의 구사능력을 가진 감성이다.

내 생애 마지막 선물
열정을 태울 사랑 하나 주소서

꽃밭에 핀 꽃이 아니어도
비탈진 언덕의 들장미 향기로
그대에게 다가가리

세상의 문이 어지러워

좌절의 늪이 온다 해도
사랑의 열매 가득 실어
내 사랑을 그대에게 바치리

세월이 흘러흘러
아름다운 꿈이 깨어져도
예쁜 낙엽에 내 마음 담아
열정의 사랑을 가득 채워 드리리

그래도 못 다한 사랑은
활활 타는 벽난로의 불씨 되어
그대 가슴 지피리라

— 〈마지막 소원〉 전문

지고지순한 참사랑이란 이런 사랑이 아닐까. 사랑이란 아름다운 것만은 아니다. 그 속엔 슬픔도 있고 외로움도 있으며 괴로움 또한 깊게 자리하고 있는 것이다. 그럴 때 마다 서로가 서로를 깊이 이해하고 감싸주며 믿음과 신뢰로 버팀목이 되어 쌓아가는 것이 사랑이다.

'꽃밭에 핀 꽃이 아니어도', '세상의 문이 어지러워/ 좌절의 늪이 온다 해도', '아름다운 꿈이 깨어져도' 란 삶의 극한 상항 속에서도 자신의 믿음과 열정을 변함과 흔들림 없이 사랑하는 사람을 위하여 바칠 수 있다는 고귀한 사랑. 그것도 모자라 '활활 타는 벽난로의 불씨 되어/ 그대 가슴 지피리라' 라고 하는 사랑하는 사람을 위하여 죽음도 감수하며 생의 끝까지 사랑하겠다는 마지막 소원까지도 흔들림 없이 표현한 절규가 너무 감동적이다.

이런 여인을 가진 사람은 얼마나 행복할까. 세상의 뭇 남성들이 꿈꾸는 사랑 하는 여인들의 모습일 것이다.

사랑이란 이름으로 다가선
그대여
어두운 그림자 드리우지 마세요

사랑이란 이름으로 마주한
그대여
웃음꽃만 가득 안겨 주세요

먼 먼 훗날
아름다운 추억 한 아름 안고
오늘을 그리워하도록 말이예요

사랑의 빛으로 살아갈 힘을 주시고
영혼의 아름다운 노래
가슴에 맴돌며
서산에 해질 머리 등불 되어 주세요

— 〈빛(그대여)〉 전문

인간은 누구나 사랑이란 이름 아래 존재한다. 그 사랑의 신비함과 절묘함 그리고 가슴앓이와 절정의 순간순간마다 밀려오는 그리움과 환희. 이 모든 것들이 결국 등불이고 희망이며 환희인 것이다. 사랑이란 그렇게 갈망과 희구의 원천이며 오매불망 그리움의 절정이고 욕구에 대한 희망이며 갈망이다.

그러기에 자신이 지키고자하는 사랑에 대하여 '어두운 그림자 드리우지 마세요' 랄지, '웃음꽃만 가득 안겨 주세요' 랄지, '서산에 해질 머리 등불 되어 주세요'란 간절하고도 욕망에 가득 찬 언어를 선택적으로 사용하고 있다는 점에서 감성적 기교와 기법이 평범한 듯 하면서도 남달리 특별한데가 드러다 보인다. 또한 작품 '당신은 바람'에서의 1연의 '따스한 바람이 달려와/ 살며시 입 맞추고 달아나네요' 랄지, 2연의 ' 숨바꼭질의 당신/ 멀리 멀리 산 넘어 숨진 마세요' 또는 5연의 '황홀한 빛으로 다가와/ 내 곁에만 머물러 주세요' 라는 표현에서 보듯 사시사철 불어오는 바람까지도 사랑의 대명사로 표출한 언어의 마법사 같다. 또한 작품 '안개꽃', '꽃향기의 하루'에서와 같이 태양과 꽃과 향기의 조화를 통하여 인간과 자연의 감성적 일치를 통하여 정서적 사랑을 노래하고 있다는 점에서 지극히 인간적인 모습을 보여주고 있다하겠다.

여명이 꽃 필 즈음
찬란한 태양의 빛으로
다가선 당신

눈부신 모습
달그림자가 가리우 듯

당신의 그림자가 나를 가렸네요

붉은 빛 노을 속에
당신의 얼굴 높게 걸어놓고
그 위에 미소는 내가 그릴게요

이 밤도 별들이
총총히 빛날 때면
별을 헤는 당신과 나였으면

— 〈당신과 나〉 전문

그런가 하면 이 작품에서는 사랑하는 당신이란 존재를 '찬란한 태양 빛으로' 보고 있다는 극치의 원상이다. 거기에 자신의 존재를 드러내지 않으려고 '당신의 그림자가 나를 가렸네요' 라고 하는가 하면 '당신의 얼굴 높게 걸어놓고/ 그 위에 미소는 내가 그릴게요' 란 표현은 사랑하다 죽는 그날까지 당신을 향한 자신의 지고지순한 순결과 열정 그리고 아내로써 또는 여인으로써의 복종의 미학적 언어의 선택에 찬사를 보낸다.

이러한 열정의 사랑을 영원토록 함께하고픈 당신이라는 그 존재가 참으로 아름답고 위대하다. 그뿐인가 작품 '그대가 원하시면'에서도 사랑하는 그대가 원한다면 자신의 영혼과 삶의 모두를 사랑하는 님을 위하여 바치겠다는 강인한 의지에서 작가의 정신세계를 유추해 볼 수 있다. 아마도 윤희로 시인의 인생 자체가 영원한 젊음과 지고지순한 순결과 흐트러짐이 없는 강인한 성격의 소유자가 아닌가 싶다.

황홀한 무지개를 피우기 위하여
가두고 모아 온 기나긴 여정

빗장을 잠근 채 그리움만 꽃피워
보일 수도 들어낼 수도 없는
겹겹이 잠겨 놓은 마음 밭

눈멀고 귀멀어 창문이 열리더니
지고지순한 사랑 꽃
봇물 터지듯 차올라

잊었던 행복
막혔던 가슴에
봄꽃으로 피어나
사랑 노래 부르네

— 〈사랑하리〉 전문

모란이 피어나면
나는 꽃단장한 새 색시 되어
꽃그늘에 앉으리

모란이 고개 숙여
뚝뚝 떨어지는 날
나는 또 다시 피어날 그날을 위해

별 헤는 밤을 묵묵히 지세우리

— 〈모란이 피면〉 중 일부

사랑이 내게 스치던 날
지평과 수평의 장대 끝에
사랑 노래가 걸렸다

영혼이 불타듯
뭉클한 가슴엔
잔잔한 떨림이 용솟음치며 달려와
가슴을 두드리던 날

— 〈사랑의 추억〉 중 일부

'사랑하리'란 이 작품은 사랑의 절정을 음미하게 한다. 평생토록 단 하나만을 위한 사랑 꽃을 피우기 위하여 자신의 마음에 빗장을 잠근 채 속내를 드러내지 않으려는 한 여인의 깊고 깊은 사랑이야기다. 드디어 영원을 기약할 수 있는 연인 앞에서의 눈 멀고 귀가 멀어 봇물 터지듯 쏟아지는 자신의 사랑으로 인한 행복감에 도취되어 봄꽃을 피우겠다는 열정, 참으로 아름답고 행복하며 희열을 느끼게 하는 짜릿한 작품이다.

한편 작품 '사랑의 추억' 과 '모란이 피면' 에서처럼 '지평과 수평의 끝자락을 맴돌며 순수한 사랑의 결정체가 이루어지기까지 잔잔한 떨림이 용솟음치며 달려와 가슴을 두드리던 날에 꽃단장한 새 색시 되어 꽃그늘에 앉아 사랑의 밀어를 나누고 싶다'

는 청순함과 젊고 발랄한 청춘의 냄새가 물씬 풍긴다. 고희를 앞둔 어른이 이처럼 가슴 떨리는 싱싱한 표현력을 가질 수 있다는 사실에 대하여 놀라지 않을 수 없다.

핵가족으로 이루어진
파괴된 인성의 시대에
꽃보다 아름다운
천사보다 더 어여쁜 천사를 보았다네

동화 속의 이야기로 살아 난
애틋한 정, 극진한 보살핌
지극정성의 효심이
하늘 보다 높고 바다 보다 깊네

애틋한 감격의 사랑 바라보며
내 가슴에 효심의 불 밝혔으나
되돌릴 수 없는 부모님의 모습
안타까움에 눈시울이 뜨겁네

오늘의 세상에 이런
효(孝)와 도(道)와 덕(德)의 실천으로
만인의 존경인 마지막 남은
참 인간, 천의 사랑을 보았다네

— 〈아름다운 사랑〉 전문

인성의 시대가 파괴된 오늘날의 세상에 참으로 경종을 울리는 글이다. 농경시대를 살아 온 세대들은 삶의 여유와 부(富)란 것을 모르고 살았다. 그땐 사람과 사람, 사람과 자연이 잘 어울려 평화와 자유와 인성의 시대를 살았다. 그러나 현대 사회란 경제적으로 어려움을 모르고 자라나 이기주의로 인한 자신만을 생각하며 부와 권력만을 추구한 세대가 되어 조상들에 대한 효(孝)와 도(道)와 덕(德)이 무엇이며 어떤 것인지 조차 모르고 살아간다. 그러기에 세상은 피폐해질 수밖에 없으며 정(情)은 메말라갈 수밖에 없다.

이런 시대에는 물질적으로는 부유할지 모르지만 사람이 사람답게 살아가는 세상은 분명 아니다. 사람이 사람답게 살아간다는 것은 정이 통하는 세상, 서로가 서로를 배려하고 이해하며 존경과 배품의 도리가 앞서는 세상이다. 그러한 사회적 구조 속에서 믿음과 신뢰가 싹트고 사랑과 봉사의 정신이 살아 평화롭고 안정된 질서가 잡히는 세상이 되는 것이다.

효도와 도리와 덕목이란 아무 때나 하고 싶다고 해서 되는 것이 아니다. 효도란 부모님과 조상님들이 살아 계실 때만이 할 수 있는 것이며, 도리와 덕목이란 우리들이 살아가는 일상생활에서 스스로의 마음가짐과 몸가짐에서 우러나 행동으로 나타나는 것이다. 이것이 곧 인성이고 감성이며 인간다운 인간의 삶인 것이다.

이슬 맺힌 꽃봉오리
내 젊음의 표상인가
아름다운 꽃 피우려 고고했던 그 시절
강물같이 흘러가고
백발의 낯선 얼굴 외로이 서있네

멋진 청춘 담으려고
동서남북 종횡무진 할 일도 많더니만
한가로운 구름 되어 외로이 흐르는가

먹구름 천둥번개 아랑곳 하지 않고
반듯한 걸음 걸음 무서울 것 없더니만
청춘은 어느새 바람같이 날아가고
깊게 파인 주름살은 연륜만 그리는데

미소 띤 입가에 그리움이 묻어나
행복하고 복된 날들 추억으로 떠오르면
옛 추억에 얼굴 들어 함박웃음 지어보네

— 〈회상(回想)〉 전문

인생무상을 노래하는 듯 생의 절규가 우러나온다. 젊음은 언제나 고고하고 아름답다. 또한 무서움과 두려움도 없으며 모든 게 자신만만하여 성공만이 존재하는 듯 생각하고 살아가는 것이다. 그러나 삶을 통하여 세상의 얼룩진 때를 몸소 체험하면서 무디고 더디어져 감각의 끈을 놓고 살아가는 것이다.

그러면서도 후회 없는 인생을 살아가기 위하여 반듯한 정신과 행동으로 자신을 수양하며 산다는 것은 그리 쉽지만은 않는 것이다. 삶에 대한 강인한 철학과 사상이 있어야하며 올곧은 마음가짐이 흔들려서는 안 되는 것이다.

여기에서 말하듯 '아름다운 꽃 피우려 고고했던 그 시절' 이랄지 '멋진 청춘 담으려고/ 동서남북 종횡무진 할 일도 많더니만' 이라는 표현에서 느낄 수 있듯이 젊음과 청춘은 후회 없는 삶을 위해 끝없이 부단한 노력과 혈고의 투쟁의 시간들인 것이다.

> 갈바람이 이는 날엔/ 언제나 고독이 동행하여/ 화려한 외출을 잠재우고// 붉게 타 들어간 낙엽 길엔/ 내 마음 닮은/ 친구를 불러들여 정담을 나누리// 그곳엔 언제나/ 깊고 깊은 사랑과/ 넓고 넓은 지혜로운 풍요가 있어/ 아름다운 곳//
>
> — 〈가을〉의 일부

> 노랗고 붉게 물들어간 네 모습/ 애닯고 아쉬움 많겠지만/ 또 다시 피어날 그날이 있지 않니// 휘몰이로 나뒹굴다 어느 골짜기에/ 모여모여 활력소 되어/ 세상을 기쁨과 행복으로 가득 채우는데// 나도/ 갈바람에 백발을 휘날리며/ 너처럼 아름답게 지고 싶다//
>
> — 〈낙엽〉의 일부

> 떡갈잎의 푸르른 생명/ 철따라 변신한 너의 몸짓에/ 예쁘고 아름다운 연서(戀書)를 쓰고 싶다// 조롱박 속의 아기자기한

이야기와/ 냉가슴 앓던 지난날의 추억도 끄집어내어/ 살폿한 미소로 내 마음 전하고 싶다// 노을빛에 타들어간 풍성한 계절이 가기 전/ 한웅큼의 내 소망 낙엽 타는 연기에 띄워/ 잊었던 내 마음 전하고 싶다//

— 〈단풍잎 연서(戀書)〉의 일부

탱글탱글 팔월이 익어간다/ 이글이글 타는 볕에/ 매미소리 원숙해 지고/ 옥수수도 여물어가는 팔월// 지금쯤 고향집 우물가의/ 넝쿨진 청포도 송이는 알알이 살찌우며/ 팔월을 맞이하겠지// 나도 팔월엔/ 무더위 푸념일랑 접고/ 포도송이 같이 탱탱하게/ 익어갈 준비를 해야겠다//

— 〈팔월이 익는다〉의 일부

작품 '가을'과 '낙엽' 그리고 '단풍잎 연서(戀書)'에서 느끼듯 가을은 언제나 쓸쓸함과 고독이 동행하는 계절이다. 그러면서도 붉게 타들어간 낙엽의 기개(氣槪)와 깊고 깊은 사랑과 넓고 넓은 지혜로 풍요를 누비는 재치가 있다. 그뿐만이 아니다. 그 속에는 애달프고 아쉬운 정이 흐르는가하면 또다시 피어날 용기와 희망의 새싹을 음미하는 너처럼 아름답게 인생을 마무리하고 싶다는 인간들의 희망을 부여하고 있다는 것이다.

또한 '조롱박 속의 아기자기한 이야기와/ 냉가슴 앓던 지난날의 추억도 끄집어내어/ 붉게 타들어간 단풍잎 연서(戀書)를 띄워 살폿한 미소로 내 마음 전하고 싶다는 작가의 상상과 환희가 미소녀의 꿈만 같아 가슴이 뭉클해진다. 그런가 하면 작품 '팔월이 익는다'에서 처럼 탱글탱글 팔월이 익어가는 모습에서 넝쿨진 포도송이가 알알이 살찌우듯이 무더위 푸념일랑 접고 팔월을 맞듯이 희망과 용기를 갖고 새로운 삶을 엮어 가고자하는 형이상학적 사고의 관념이 너무도 아름답다.

희망의 빛이 자리한 곳엔
어느새 주름진 그림자 되어
나이테로 서 있고

날카롭던 가치관(價値觀)은
세월 속에 무디어져
바람에 밀려가는 종이배

이제
날 떠나려는 모든 것들 홀연히 놓아주어
집착하지 않으리

빛이 되고 그림자 되어
살아온 둥근 세월
삶이 주는 지혜이며
인성의 깊은 샘물이려니

— 〈빛과 그림자〉 전문

인생의 삶은 화려하지만 그 끝은 언제나 허무하다는 것이다.

삶이란 존재가치의 의미이며 생존경쟁이고 욕심의 발로이기 때문이다. 그러기에 젊음과 노약함은 삶의 가치가 다를 수밖에 없고 또한 수용할 수밖에 없는 것이다. 그렇다면 노약함은 모든 것에 의지력을 잃는 것으로 생각할 수 있다.

그러나 결코 의지력을 잃는 것이 아니라 스스로 내려놓고 길을 비켜 열어주는 것이다. 그러면서도 자신의 모든 지식과 체험, 지혜와 의지력을 후세에게 물려주고 떠나려는 강한 의지력에서 뜨거운 열정과 사랑을 전수 받는 것이다. 바로 윤희로 시인의 삶의 구도가 이처럼 폭넓은 인성의 소유자라는 것에 또 한 번의 감격과 존경심을 불러일으키고 있다.

우리들의 삶 속에는 인생을 달관한다는 말이 있다. 세상을 살아가다보면 즐겁고 기쁜 일들이 있는가하면 괴롭고 슬프고 힘든 일도 있기 마련이다. 그러한 삶의 체험을 통하여 학교에서 배우지 못한 참 인생의 맛을 느끼며 살아가는 것이다. 그래서 인간은 죽을 때까지 배우고 느끼며 깨닫고 살아간다고 한다.

윤희로 시인은 작품 '어른이 된다는 것'에서 비로소 인생 고희를 맞아 참 인간의 모습이 어떤 것 인줄 깨달았다고 실토한다. 어른이란 인성과 지혜로 성숙되며 크든 작든 어렵고 힘든 일에 지혜와 슬기로 넘기면 대인 인줄로만 알았다고 술회한다. 그러나 정령 감정을 가진 인간인지라 때로는 슬픔과 노여움으로 눈물을 감출 수 없음을 생각할 때 원초적 인간의 본성을 드러내고 있다는 점에서 참으로 진실만을 가꾸고 강조하며 살아왔다는 것을 느낄 수 있는 글이다.

또한 작품 '모정 1'과 '모정 2', '새아기', '사랑에게(분신)'에서 보듯이 아들과 딸 그리고 며느리, 손자들을 향한 혈육의 정(情)을 노래하며 오매불망 아낌없는 사랑으로 지극정성을 다하여 키워온 흔적이 눈에 선하게 아롱거린다. 뿐만 아니라 반듯하고 올곧은 정신교육으로 인성과 지혜의 교육인 효와 도와 덕의 참 인간의 길을 가르치며 사랑과 봉사와 나눔의 정을 베풀고 있다는 점에서 존경스럽다.

3. 결론

이상에서 보았듯이 윤희로 시인은 자신의 삶의 흔적과 내면의 실상을 숨김없이 보여주며 자신의 감성과 영감을 강한 메시지로 전달함으로서 휴머니티에 기저를 둔 사랑의 심연과 형이상학적 신념으로 사물을 관찰하고 표현하였다는 것이다. 따라서 모든 사물을 사랑의 대상으로 보고 자신의 의식세계에 침투시켜 충분한 여과과정을 거쳐 훈훈한 감성을 느끼게 한다는 특성을 보여주고 있다.

또한 직설적인 리얼리즘과 함께 현대시의 생명인 은유와 비유, 직유와 환유에 대한 기법은 물론 형이상학적 시의 표본인 양극화의 상반과 상층을 합일시키는 기법까지도 완벽하리만큼 시도하고 있다는 것이다.

윤희로 시인은 뒤늦은 문학의 입문이지만 분명 한국문단에

보기 드문 감성과 상상력과 통찰력이 뛰어난 시인이라는 생각이 든다. 누구나 첫 번째 시집에서는 그리움과 사랑에 대한 연시가 주를 이루며 일상생활에서의 체험적인 소재들이 많다. 따라서 앞으로 더 많은 다양성 있는 글을 점진적으로 발표함으로서 한국문단의 큰 별로 우뚝 서리라 확신한다.

내 영혼의 시간들

윤희로 시집

지 은 이 | 윤희로
펴 낸 이 | 정찬우
펴 낸 곳 | 도서출판 밀레
주 소 | 서울 서초구 효령로 53길 18, 210호
(서초동 석탑오피스텔)
TEL : (02)588-4671~2
FAX : (02)588-4673

등 록 | 2004년 12월 15일 제2-4078호
발 행 일 | 2017년 5월 27일

값 10,000원
ISBN 978-89-97815-17-3